U0016376

「ありがとう」の教科書
良いことばかりが降りそそぐ感謝の技術30

讓奇蹟發生的技術

每個感謝，都會回到你身上

武田雙雲／著
謝敏怡／譯

前言
「感謝」是要透過技術取得的

請環視一下四周。

你應該會發現，自己身邊充滿了許多人事物，對吧？想買的包包、新款的手機，一直在你身邊、彷彿如空氣般理所當然存在的人。

仔細想想，這些人事物的存在，可以為你帶來相當大的幸福感。

但隨著時間的經過，我們卻把這些事物視為理所當然，要求更多更好，或是又開始追求「尚未擁有的東西」。

「我想要那個！」

「這樣不夠好！」

「如果我有這個，該有多好……」

人之所以不斷想著「自己未擁有的東西」，是因為「只有物質生活的滿足，才能讓自己獲得幸福」這種想法所造成的。

本書是為了讓有那種想法的你，知道世界上還有「其他不同的思考方式」，幫助你得到幸福而誕生。

未來並非只充滿了「不確定性」，從現在這一刻，直到生命結束之前，有個方法能讓你獲得更多的幸福。

答案就是本書的主題：**「感謝」**。

「感謝思維」能改變一切

「感謝」，也就是「謝謝」這句話，你會在什麼時候使用呢？

被這樣問，我想大部分的人都會回答：「當別人為自己，做了什麼的時候。」

別人為自己做了什麼時，表達謝意當然很重要。

但透過本書，我想讓你了解的是：

在別人什麼都還沒做之前就先說謝謝，也就是「率先」表達感謝。

無論自己有沒有得到好處，**率先表達感謝，在你身上便會發生神奇的事情——感謝後，你又會想要再次表達感謝。**

「自己沒得到什麼好處，卻要說謝謝，為什麼？」

各位可能會感到很難以理解。

但閱讀本書，你就會知道感謝可以帶來非常大的好處，並學會如何感謝。

我們從小，比方說在幼稚園或是成長的家庭中，大人總是告訴我們「要說謝謝」，我們是受這樣的教育長大的。

但長大之後，會那樣教我們的人變少了。

最後的結果就是，把感謝給遺忘了。

而且在不知不覺當中，看不到已經擁有的事物，卻不斷地追求自己沒有的東西，最後失去了幸福。

以下發言，就是這類典型例子的展現。

「只要考進好大學，就能夠進入好公司。」

「開名車、戴名表，才是成功人士的證明。」

「購買有庭院的獨棟房屋，就能獲得幸福。」

但在這種**「匱乏思維」**之下，就算得到再多，過不久又會開始追求其他「尚未擁有的東西」。

然而，學習**「感謝思維」**，不但能讓你馬上得到幸福，而且更多的幸福，會受到感謝正面能量的吸引聚集而來。

「話是那樣說，但又沒有什麼好事發生，也沒有值得感謝的事情啊！」

……**假如你現在有這樣的想法，你正是我透過本書，最想對話的對象**。

大家會那樣想，是非常正常的事情。

因為我們身處的環境，其實很難以表達感謝。

最大的理由就在於，現代是充滿負面訊息的資訊化社會。

媒體或社群網路為了吸引人們的注意力，便流傳驚悚的負面訊息以贏得收視率或增加網站流量（當然不是所有媒體都是這樣）。

而受到那些負面資訊所迷惑的人，「匱乏思維」變得更加強固，甚至將之強加到周遭其他人身上。

受到負面思維的影響，負面思考的人變得越來越多。

身處於負面訊息日益增加的社會，想要找到屬於自己的幸福並持續發掘，是需要技巧的。

為避免被那樣的潮流所吞噬，「感謝」是最強的防護後盾。

最簡單的「感謝」書

雖然「感謝」是一種思維，但我想從不同的角度，提供新的看法給各位。

感謝是一門技術。

只要知道如何使用感謝這門技術，你就會看到截然不同的世界。

而且，你身邊的人事物也會產生變化。學會感謝的技術，你的人生會發生劇烈的改變。

這本書是以所有人為撰寫對象，無論是學生還是長者，男性還是女性，不分年齡與性別都適合閱讀本書。

因此，**我盡可能避免極端困難的理論，以及必須付出極大心力的方法，本書僅介紹能夠馬上實踐，且能立即感受到效果的方法**。

這本書可以從頭按順序閱讀，也可以從有興趣的部分開始閱讀。歡迎瀏覽目次，從吸引你目光的章節開始閱讀。

那就是你現在最需要的東西。

準備好了嗎？

讓我們打開最簡單的感謝書——**《讓奇蹟發生的技術：每個感謝，都會回到你身上》**，一起學習感謝的技術吧。

希望本書能幫助你察覺的身邊各式各樣的「感謝」。

這裡請讓我先提筆向各位表達一下謝意。

謝謝。

武田雙雲

目次

第一章

日常風景大轉變，「謝謝」所引發的奇蹟

第二章

讓自己「喜歡上身邊每一個人」的思維

第三章

讓你天天幸福滿溢的小習慣

第一章

日常風景大轉變，「謝謝」所引發的奇蹟

01 說出感謝，創造充滿感謝的人生

語言是大腦的方向盤

你想吃蛋包飯，在餐廳跟店員點餐「我要一份蛋包飯」，店員便端來了一份蛋包飯。

但假如你想吃蛋包飯，點餐時卻說「我要一份咖哩飯」，店員當然不會端蛋包飯來。

這很理所當然不是嗎？

同樣的道理，**你的想法如果不化成「語言」表達出來，是不可能實現的。**

語言，是觸發行動的方向盤。

使用正向語言，你的大腦就會正向思考，自然而然採取正向的行動。

相反地，把負面語言掛在嘴上，你的大腦就會負面思考，自然而然做出負面的行為。

人會按照「語言↓大腦↓行動」的順序行動，你的語言決定了你的行動。正是「所言所行，如你所是」的道理。

既然如此，把你理想的未來用語言表達出來，你的大腦就會如此認知，按照你所想的指引行動，讓你的夢想成真，這應該很容易理解吧。

比方說，「雀躍不已」這個詞彙通常是未來式，但是先把「雀躍不已」說出口，真的就會發生令人「雀躍不已」的事情。

也就是說，**不是因為發生了「雀躍不已」的事情，所以「雀躍不已」，是想要「雀躍不已」而說出願望，「雀躍不已」的未來才因此成真。**

同樣的話以不同的方式表達，意思完全不一樣。

發生了什麼事情時，一臉嚴肅地說「該怎麼辦才好……？」跟笑著說道「該怎麼辦才好呢!?」兩者的未來截然不同。笑著說怎麼辦才好的人，感覺比較能夠找到解決方法，對不對？

希望未來燦爛美好，就要使用正向的美好語言。

希望人生路上充滿感謝，就要把感謝說出口。

那是你走向光明未來的捷徑。

區分「感動語言」與「不安語言」

我從幾年前開始學英文，在學其他語言的過程當中，讓我了解到，原來日語是這麼地出色、美妙。

比方說，日文的「素晴らしい」，意思是出色、美妙，這個詞彙是以「素」和「晴れる」所組成，也就是「本質美好」的意思。**相對於「真強」「好厲害」「好棒」**，**「素晴らしい」誇獎的是那個人的「基本核心」**，**也就是誇獎「本質」**。

身為日本人，能夠說如此博大精深的日語，讓我感到很驕傲，同時也讓我深刻地理解日語的美好，想持續深入了解並好好運用這個美麗的語言。

但日文也有負面的詞彙，也有人不知道該如何運用這個語言。

這個時候，「感動語言」和「不安語言」可以作為指標。

當別人跟你說話時，你大多會做什麼樣的反應呢？

「哇，好厲害！」「嗯嗯嗯，然後呢？」無論對方講什麼，都抱著感動回應的人，很有可能平時就使用著**「感動語言」**。

相反地，**「是喔……」「啥？」**聽起來沒什麼反應的人，很有可能平常都使用著**「不安語言」**。

無論是什麼樣的場合／場景，伴隨著感動的語言叫做「感動語言」，伴隨著負面思考的語言稱為「不安語言」。

「是喔……」「嗯哼。」「啥？」這類沒有任何情感的語言，會無意識中散發出負面能量。使用這類負面語言，散發到對方身上的負面能量會反彈回你身上。

相反地，「你好厲害喔！」這類充滿感動的語言，能產生正面能量。而那樣的正面能量，又會隨著你說出口，回到你身上。

如此一來，你應該就會發現，感動語言說得越多，越能夠為你帶來幸福。

舉例來說，太太給自己做飯，相對於不說話默默地吃，跟邊吃邊表達感動，說「好好吃喔！」的餐桌氣氛好很多。

抱著感動的心情吃飯，不但能讓太太的心情好，你應該也會產生感激之情，「太太為我做這麼好吃的飯，真是感謝。」

有意識地使用「感動語言」，你應該能感受到日常生活風景發生截然不同的轉變。

感謝的技術 1

使用「感動語言」。

感動語言

〔範例〕

- 謝謝
- 都是多虧了您
- 太厲害了
- 沒問題喔
- 可以的
- 好好吃喔
- 很高興喔
- 好喜歡喔
- 真開心耶

不安語言

〔範例〕

- 是喔
- 啥？
- 沒辦法啦
- 不可原諒
- 做不到
- 反正
- 可是
- 笨蛋
- 蠢貨
- 愚蠢
- 糟透了

02

總而言之「先說謝謝」

0．000004％的奇蹟

你都怎麼跟初次見面的人自我介紹呢？

「您好，我叫〇〇〇，請多指教。」

大部分的人的自我介紹，大多像這樣非常四平八穩吧。

我跟人初次見面時，都會打從心底由衷地感謝（雖然這麼說有點誇張）有這個緣分能跟彼此結識。

據某個統計數字，人一生當中大約會接觸到三萬人。全世界人口約七十億，因此你跟對方有機會相遇的機率為0．000004％。

了解到這個事實之後，你就會知道結識到新朋友是奇蹟。「感謝大家百忙中抽空前來」「非常感謝大家今天的參與」，感謝語言自然而然就會脫口而出。

表達了感謝之意，對方自然而然也會展現笑顏，相處起來的氣氛也會變得融洽。

前幾天發生了這樣一件事。

有記者前來採訪，我和平時一樣打從心底表達了感謝後，對方說：「我第一次碰到有受訪者這樣跟我說。」

「雖然接受採訪是我的工作，但真的非常謝謝你願意聽我說話。如果沒有你，我就只是個普通人，根本不會有人願意聽我說話。所以對我來說，你就像是聖誕老公公喔。」

我這樣一說，對方似乎非常感動，在我面前哭了出來。最後笑著說道：「看來我是不分季節的聖誕老公公呢。」

建立起良好的人際關係，人與人之間就不容易發生衝突。一個簡單的打招呼，決定了你跟對方今後的關係。

因此，率先表達感謝很重要。

這不僅限於工作。

和家人、伴侶和朋友之間的關係也是一樣。

就算不說出口，只是在心裡想著「謝謝你願意陪伴在我身邊」，不但會改變你對對方的看法，對方也能感受到你的感激之情。

像這樣先由自己表達感謝的行為，就是**「率先表達感謝」**。

想建立相互信賴、並維繫良好的人際關係，記得要「率先表達感謝」。

感謝別人，別人也感謝你

舉辦個展、活動、出書等等，跟別人一起工作的時候，我都會跟合作認識的對象「率先表達感謝」。

比方說舉辦個展時，光是想到有人知道自己，對自己的作品有所共鳴，願意一起來企畫策展，我的內心就充滿了感謝。

感謝要在一開始，而不是結束之時。在活動開始前就率先表達感謝，自己也會因此萌生：「活動期間，我該如何感謝大家，回報大家的恩情呢？」那也會帶來凝聚團隊的力量。

這個道理也可以用在家人和朋友身上。與家人朋友相處時，先在心中感謝和家人朋友之間的緣分，並思考該如何報答他們的恩情。如此一來，相處起來關係自然融洽。

人際關係是能量的交換。

你傳遞正面能量，正面能量就會回到你身上；你傳遞出負面能量，負面能量就會彈回你身上。

假如你有「我又拿不到什麼好處」或是「別人沒為我做些什麼」的想法，你傳遞出來的很有可能不是正面能量。

人是非常多面向的動物，你會從不同的人身上，看到不同的自己。

如果你希望對方展現出真實的自我，你就要先展現真實的自己；如果你希望別人愛你，你就要先愛別人。

假如你希望別人為自己做些什麼，自己要先為別人付出些什麼。

為對方付出時，也常常帶有非常強的正面能量。越是率先感謝對方，就會發生越多讓你想感謝對方的事情。

感謝的技術2

希望別人感謝自己，自己要先感謝別人。

03

讓自己神社化

對著鏡中的自己雙手合十

最近市面上出版了很多「提升自我肯定感」「珍愛自己」的書。

這或許代表很多人自我肯定感低落，但恐怕很少人有辦法藉由閱讀書籍來提升自我肯定感。

其實有個非常簡單的方法，可以讓自己喜歡上自己。

那就是「感謝自己」。

讓自己充滿感謝，你自然就會喜歡上自己。

重點就在於，看著鏡中的自己，雙手合十說「謝謝」，一天一次就夠了。

如此一來，你便能客觀地觀看自己，並湧現出感激之情，像是「你很努力，很棒喔。」「你一定沒問題的。」等等。

生活忙碌的人，可能沒什麼時間仔細端詳鏡子中的自己，但只要一下下就好，請務必試試看。

你應該能夠用有別於以往的價值觀，客觀地觀察自己。

同樣的道理，在家裡各個角落雙手合十，日常生活的景色就會發生截然不同的改變。

走進神社，內心就平靜的理由

據說日本大約有八萬八千多間神社。日本國內大約有五萬五千家便利商店，神社的數量遠多於便利商店。像是長崎縣的壹岐島，小小的島上可是有超過一百五十間的神社呢。

橫跨悠久的歷史，神社並未從這個國家消失的原因就在於，神社扮演了重要的角色，其重要性不可否認。

大部分的人走進神社，心情都會感到平靜。

走進神社，喧囂自然消失了，覺得溫暖的氛圍包覆著自己，原因就在於**「雙手合十」和「鞠躬行禮」這些虔誠有禮的舉止，讓呼吸變得沉穩，調整了神社境內所有人的「氣」**。

我很喜歡神社，時常造訪，神社神聖的氛圍因而不知不覺進到生活裡，改變了我的行動。

比方說，我會想像「自己的家就是神社」，在出門前和回到家時，自然而然就會在家門口雙手合十、鞠躬行禮。

無論是走進書法教室之前，還是跟別人開會之前，我都會在開門的那一刻，調整呼吸、鞠躬行禮。

這些感謝禮儀，讓我的氣能夠凝結而不散，隨時都能以感謝的心情面對一切。

不久之前，我在語音社群平台Clubhouse上說**「要把自己想成是神」**的時候，很多人都哭了，那時我發現，原來有這麼多人都否定自己的存在。

「抱著在神社向祭壇前神明祈禱的心情，試著向自己雙手合十祈禱看看。假如對方（自己）是神明，你應該可以打從心底由衷地感謝才對。」

可能是壓在心底的情緒蓋子被打開了，我這樣一說，接二連三地有聽眾哭了出來。

有時仔細凝視鏡中的自己，會覺得「怎麼老了不少」或是「我好像胖了」，而感到厭煩吧。

但如果把自己想成是神明，正向的思考隨之而來。

「無論發生什麼事，自己必須守護自己。」

「即便發生了這麼多事情，也都克服了過來，一定沒問題的。」

感謝的技術3

把自己當作神明。

能珍惜自己的，就只有你自己。假如你能察覺到這點，自然而然便能喜歡上自己。你就是最重要的存在。

04

選擇「樂」的人生

生病教會我的事

大概從二〇〇六年開始，除了書法家之外的工作，電視台、出版社、活動等等工作邀約不斷，我的生活變得非常忙碌。

在那段忙碌的日子，某一年的八月特別讓我記憶深刻。

當決定「好好休息一個月」，不料放假的第一天，我全身就痛得不得了。

我到家附近的醫院住院做檢查，卻查不出任何原因。

出院後過了幾天，孩子突然跑來跟我說：「爸爸，你的臉好黃喔！」仔細地看了看自己的臉，這才發現我出現了黃疸。

我把黃疸的問題放著不管，過了一個禮拜，劇痛又找上門了。這次我到其他診所看診，被醫生唸了一頓：「為什麼要讓問題變得這麼嚴重才來看病。」

醫生馬上診斷出我的病名是「膽囊炎」和「膽管炎」。醫生建議我動手術，但我對開刀有點抗拒，因此跟醫生說「我想一下」，就先出院了。

在那之後我試了食療，也去學了氣功，但身體狀況仍不見起色。第一次出院過了八個月後，我終於去動了手術。

其實二〇〇六年到二〇〇九年這段期間，我受到來自社會四面八方的批評。社會撻伐所造成的心理壓力，恐怕也是引發疾病的因素之一。

那樣的經驗讓我第一次深切體會到「原來內心紛亂會如此折磨，竟然會對身體健康造成這麼嚴重的負面影響」。

我的個性本來就比較樂觀，無論發生什麼事情，都有辦法樂在其中，但經歷了社會猛烈的抨擊、生病了之後，讓我發現到，光是積極樂觀是不行的。

我狗急跳牆，閱讀了許多資料、請教了很多人，在尋找答案的過程中，我發現「感謝的力量」能為身心帶來正面影響。

馬上試著「感謝現在所擁有的一切」時，神奇的事情發生了，我的身體狀況突然好轉，明顯感覺到發炎症狀消失了。

成為「快樂的人」

我在辭掉工作，決定以書法家為志業的當時，沒有理想的標竿人物可以效仿，我只能自行開拓道路。

因此，為了讓自己的言行一致，我決定訂定出屬於自己的核心價值，一個「絕對要遵守的守則」。

那個時候我想到的是：**成為快樂的人**。

我本來就很喜歡「樂」這個字的樣子，因此我將自己定位為「知足常樂的人、為他人帶來歡樂的人、追求輕鬆快樂的人，為他人減輕負擔的人」。

在我決定每當面臨抉擇，都要選擇「樂」這個選項之後，便不再為該如何選擇煩惱了。

像這樣將自己定位清楚，發現感謝能帶來正面能量之後，我的人生發生了很大的變化。

假如你現在煩惱著「不知道自己的本質到底是什麼」「覺得自己很容易受到外部的影響」，請試著想想看「樂」這個字。

「樂」有兩種意思——「放鬆」（relax）和「享受」（enjoy）。

假若你面臨了危機，請從多方面觀察那個危機狀況，抱著觀戰的心情來觀看。

如此一來，你應該就會發現，危機裡頭潛在著轉機。

當你面對不得不做出抉擇的情況，輕鬆以對，選擇你能夠沉浸於其中的事物吧。

那是享受人生的訣竅。

感謝的技術4

輕鬆面對、享受人生。

05

開口說「謝謝」，感謝三秒就足夠

積極收下別人的感謝

「今天過了，便再也回不去，竭盡一切地享受這一天吧。」

這句話我從很久以前，就在網路社群不斷地推廣。

而想好好享受生活，最需要的就是「感謝」。

如同前言所提到的，很多人都認為，所謂的感謝是受到他人恩惠時才需要感謝。

那當然很重要。但更重要的是，察覺自己所擁有的，並感謝當下所有的一切。

話是這樣說，但大部分的人應該不知道「該感謝什麼」「要感謝多少」。有這種疑問的人，可以試著**「在感動之際，開口表達感謝」**看看。

比方說，吃喜歡的東西，覺得「好好吃喔」的時候；看著孩子的臉龐，覺得「好可愛啊」的時候；或跟愛慕對象碰面的時候等等，先從打動內心，讓你感動的瞬間感謝起吧。

感謝的時間，三秒左右就可以了。

努力地開口說聲「謝謝」或「感恩」吧。

感謝的對象不僅限於「人」，意識到自己受到恩惠才是最重要的。養成在感到「幸福」的瞬間表達感謝的習慣，是鍛鍊你「感謝力」的大好機會。

「神聖的〇〇」，為日常生活帶來幸福

做不擅長的事情時，我們都會感到很痛苦。

比方說，很多人應該都會覺得，洗完澡後吹頭髮「怎麼這麼麻煩」吧？過去我也常常覺得「吹頭髮怎麼這麼花時間啊」。

假設頭髮濕濕的狀態為A點，頭髮吹乾的狀態為B點，A點的相對價值低，所以我才會急著想要趕快抵達B點。

但是「必須趕快前往B點」的想法，可以說注意力都集中在未來之上，沒

有活在當下。

無論抵達B點的過程是痛苦的，還是充滿感謝的，不管選擇哪一個，抵達的終點「吹乾頭髮」都是一樣的。

怎麼看待抵達終點前的五到十分鐘，一切掌控在自己手上。

所以我發現，既然如此，與其每次吹頭髮都心想「什麼時候頭髮才會乾」，不如抱持著感恩的心，享受吹頭髮的過程。

這個時候，「神聖的〇〇」這句話能發揮很大的功效。

這句話是讓所有東西都變成感謝的魔法詞彙。

假如說對象是吹風機，把吹風機轉換成「神聖的吹風機」「神聖的熱風」，吹頭髮這件事情應該就會變得不太一樣。

無論選擇哪一條路，
抵達的終點「吹乾頭髮」
都是一樣的。

「開關按下去，馬上就有熱風吹來，真是厲害。」

「一個按鈕，就可以切換冷風熱風，發明這個的人真是天才。」

這樣想，焦躁的情緒不知不覺就消失了。

在你常用的東西前面，加上「神聖」兩個字看看。

假如做家事時，稱呼物品為「神聖的吸塵器」「神聖的掃把」「神聖的菜刀」，過去做家事的煩躁感便會消失，產生感動和感謝。

同一件事情，抱著不同的心情（例如：焦躁的情緒，或是愉快的心情）去做，得到的成果會出現差異。

打掃房間時，一邊打掃一邊感謝著一切，絕對會比抱持著煩躁的情緒掃得更乾淨。

感謝的技術5

找出麻煩事，由衷地說「謝謝」。

先找出你每次遇到都覺得「很麻煩」的事物。

然後在那個事物前面加上「神聖」兩個字看看。

如此一來，**你應該會發現那個事物的新面向，過去那種煩躁的情緒消失了。**

沒有麻煩事的世界，活得多自在啊。

在那樣的世界，你應該可以過得很幸福。

第二章

讓自己「喜歡上身邊每一個人」的思維

06
讓自己置身於「感謝的空間」

尋找反應熱烈的人

第一章說明了「感謝」如何為人生帶來正面影響。

但即便你下定決心，「好！我先來感謝一下眼前這個人。」想好好地跟別人表達謝意，社會上還是有不少人對此感到抗拒。

「你平常都不會那樣說，怎麼這麼突然？」

「你是不是有什麼企圖啊？」

別人那樣說，會讓人失去把感謝說出口的勇氣。

因此，這裡提供一個小訣竅，幫助你把感謝養成習慣。

那個方法就是，**找一個反應熱烈的人，然後不斷感謝對方**。

你身邊應該有那種反應很大的人吧？

先以那樣的人為目標對象，向他們表達感謝看看。

平常反應很大的人，當你「感謝」對方時，他的反應也會很大。

反應熱烈的人，人際關係大多良好，不太會對表達感激之情的你酸言酸語。

正因為如此，找個反應熱烈的人，當成你練習表達感謝的對象吧。

社會的所有一切都是由供給和需求所組成的。

送玫瑰花給玫瑰園主的女兒，對方應該一點也不驚喜；歲末賀禮送肉品禮盒給肉販老闆，對方恐怕一點也不開心吧。

既然如此，就**向樂於接受他人感激之情的人，表達謝意吧**。

那會是提升你「感謝力」的訣竅。

一個人的時候，也試著誇張地表達開心的情緒

假如你送別人禮物，對方默默說了句「謝謝」，和大聲地說「哇，我一直好想要這個耶！謝謝你！」哪種反應你比較開心呢？大部分的人都回答，比較喜歡大聲說謝謝的反應。

這個道理也適用於自己身上。

一個人時，當你覺得很感動或是很感恩的時候，也比平常更用力地把感謝的情緒表現出來。

如此一來，能夠加深你對感謝的感受。

平常你一個人吃飯時，都會做出什麼樣的反應呢？大多數的人恐怕頂多在心中想著「真好吃」就沒了。

但那個時候更應該要大聲說：「哇，這個真好吃耶，真是太棒了。」這樣感動的等級便能更上一層樓。

不要害臊，稍微誇張一點，試著把感動用語言表現出來，雖然周遭有很多人的時候需要克制一下音量（笑）。

增加感動的話語，感動的語言就會不斷輸入到你的腦中，容易對各種事物產生感動。

尋找充滿「感謝」能量的社群

忙碌的現代人，平時大多只會在公司和家裡兩點移動。

跟親朋好友相處起來輕鬆愉快的時光，是度過充實人生不可或缺的條件。

雖說如此，但也有些人跟家人感情不好，或是沒有能談心的朋友。

歡迎這樣的人到我的社群來玩。現在社會上也有其他各種好玩的社群團體，請找找看適合自己，待起來覺得舒服的社群。

不擅長跟人相處、對自己的溝通能力沒有自信的人，我很推薦Clubhouse這類看不到臉的語音社群（歡迎上Clubhouse搜尋「武田雙雲」）。

身為感謝阿宅，我所開設的Clubhouse，總是充滿感謝的氛圍。我從大家溫暖的話語，獲得更多的感謝和勇氣。

可能是因為社群充滿感謝的氣氛，覺得「還想再來聽」「上次只是旁聽而已，這次想發言看看」的人源源不絕。

另外，我從二〇一四年開始經營臉書的付費私密社團「雙雲塾」，歡迎有興趣的人搜尋看看。

假如你感到孤獨寂寞，歡迎到總是相互感謝的社群，來跟大家聊聊天。

感謝的技術6

跟感謝力高的人講話聊天。

07

如果身邊的人很討厭，躲也躲不開怎麼辦？

讓「你受不了的人」離開你的腦袋

每個人多少都有自己「受不了的人」。

我們根本無法向自己受不了的人表達感謝，那太困難了。「忍受」幾乎是不可能的任務。

雖然我們無法忍受，但**至少可以「減少花費在他們身上的時間」**。

我之所以有這樣的想法，是因為當我受到社會各方撻伐而煩惱不已時，秋元康對我說的一番話，影響了我。

「批判自己的人，絕對是自己討厭的人。既然如此，把時間花費在那些人身上，豈不是很浪費嗎？我受到再多的批判，也不會分任何一秒時間在那些人身上。」

秋元先生這番話，讓我印象非常深刻。

花時間和精力去想討厭的人的事情，實在是太浪費了。時間和精力當然要花在自己喜歡的事情上，讓生活充滿快樂才對。

更重要的是，花時間去想講自己壞話的人，會讓自己的精神狀況變糟。

只有自己才有辦法讓自己快樂。假如身邊有人讓你「很受不了」，就不要花時間去想那個人的事情了。

此外，當你對身邊的人產生負面情緒時，很有可能是你跟那個人的距離太近了。

地球和太陽之間的距離恰到好處，我們才會稱太陽為「偉大的太陽」，假如地球離太陽太近，我們可能會忍不住抱怨太陽「有點太熱了」。

正因為火星和土星離地球有段距離，才沒有人抱怨「火星太大了，好討厭」「土星有夠煩」。

人際關係的距離非常重要。

跟人相處時要記得，你覺得討厭的人，當你跟對方的距離拉開之後，對方很有可能看起來變得不討厭了。

彼此稍微保持點物理距離

受不了家人或親戚當中的人，是最常見的情況。覺得與父母之間的關係棘手的人並不少見，社會上甚至還出現了「有毒父母」這樣的詞彙。

那樣的人你跟他說：「就算那樣，你還是要感謝父母啊！」對方恐怕只會覺得「做不到就是做不到」吧。

那個時候最應該要做的是——保持距離。

世上沒有什麼離不開的關係。

艱難複雜的關係，拉開距離後，問題反而就解決了。

這裡所說的「拉開」，指的是物理上的拉開距離。

比方說，你很受不了老公，就分房睡個幾天看看；公司有人讓你很受不了，就試著挑戰一下遠端工作，或是跟對方保持距離。

稍微減少相處時間，彼此的距離拉開個幾公尺，心情應該會變得輕鬆許多。

假如無法跟對方拉開距離，很有可能是你從彼此的關係當中，獲得了某些好處。

感謝的技術 7

察覺你受不了的人所帶來的好處。

想離婚卻離不了婚的人，有可能是不想放掉婚姻帶來的經濟益處；想換工作卻換不了，很有可能是捨不得留在公司可以享有的薪資和社會地位。

請想想看。

如果有人拿槍指著你，任何人一定都會毫不猶豫地馬上逃跑吧。

因為人是面臨危機時，能瞬間採取行動的生物。

也就是說，**你之所以離不開你受不了的人，是因為你並未感受到生命遭受威脅的危機感**。

既然如此，就好好感謝你享受到的好處吧。

你看待對方的方式會因此而有所改變。

08

隨時隨地表達「都是多虧了大家」

感謝的反面是「理所當然」

感謝的反義詞不是「不感謝」。

感謝的相反是「理所當然」。

不感謝別人，認為別人所做的一切都是理所當然，結果就是大家逐漸離你而去。

舉例來說，所謂的成功人士有兩個類型。

以作家來說，可以分成會說「都是多虧了我，書才賣那麼好」，跟說「書賣那麼好，都是多虧了大家」兩種人。

過去我有幸結識了不少作家，會說「都是多虧了我」的作家，很可惜寫作生涯大多不長久。

另一方面，總是把「都是多虧了大家」掛在嘴上的作家，書則是到現在還很熱賣。

我的朋友永松茂久，是日本最具代表性的暢銷作家，他的口頭禪就是**「都是多虧了大家」**。正因為如此，他總是受到大家喜愛，書一直都是排行榜的常勝軍。

人小有成就時，最容易露出本性。

小有成就時，有無表達感謝，其後的發展截然不同。

假如你總是覺得「得不到想要的結果」，或是「無法如自己所願」，你非常有可能忘了感謝周遭的一切。

這個時候，請試著從感謝的角度環視周遭。你應該會發現，原來自己受到身邊的人這麼多的支持和協助。

你之所以做什麼都不順利，不是因為你缺乏實力，也不是欠缺努力。**你只是忘了感謝而已**。

只要察覺到這個事實，你應該就會感受到周遭逐漸發生改變。

「理所當然」是傲慢的開始

忘了「感謝」，態度容易越來越狂妄自大，變成用鼻孔看人，或是聽不進他人意見，使工作效率變得低落。

我在NTT工作時，曾有一段時間業績排名居冠。當時我身邊的人總是對公司抱怨不斷，但那時我才剛進公司，所以總是心想「公司願意採用我，還付錢讓我學習，真的很感恩」。

也就是說，當大家滿口怨言時，我則是充滿感謝，抱持著完全相反的態度工作。

現在回想起來，可能是那樣的想法為我帶來了好業績。從雇主的立場來看，抱持著感謝的心情為公司工作的人，絕對優於一邊工作一邊抱怨的人。

無論是工作還是人際關係，人在熟悉適應了之後，態度都很容易變得傲慢。

那正是忘了感謝的證據。靜下心來，重新出發，重新尋找出感謝吧。

因此，無論活到幾歲，我們都要抱持著一顆輕盈的心，隨時都能夠回歸初衷。

那能夠賦予尋找出感謝的契機。

感謝的技術8

別忘了一切「都是多虧了大家」。

09

來跟別人比較吧！

「跟別人比較」真的不好嗎？

大家都說「跟別人比較沒有意義」。

但我不認為跟別人比較一定就是不好的。因為不跟別人比較，會失去很多發現新事物的機會。

比方說，看到身高比自己矮的人，就會知道自己身高相對較高；認識比自己博學多聞的人，就可以知道自己還有很多東西要學。

比較可以了解自己身處於何種位置，認識自己。

需要好好處理的是，比較之後所產生的情緒。

我們跟別人比較，不需要覺得自己劣於他人，或是優於他人。

好跟不好的比較，差異就在於此。

更好的比較方式是，覺得別人跟自己不一樣的地方「很棒」。

如果跟別人比較，還能感謝自己跟他人的差異，人際關係的煩惱便可以雲飛煙滅。

社會上離婚原因的九成，都是來自於價值觀的差異。

如果能彼此感謝價值觀的差異，離婚率應該會大幅降低吧。

「原來如此，有些人的想法是這樣啊。」

「你之所以這樣想，是因為背後有著這樣的邏輯思維啊。」

如果彼此之間有這樣的對話，根本不會離婚，連架都吵不起來。

我的書法教室有位學生很愛抱怨。

她常常抱怨老公、抱怨社會的不公，但我覺得她的抱怨有趣得不得了。我甚至還拜託她「妳再多說一點」，她讓我發現到自己沒有的新觀點。

俗話說「物以類聚」，想法相近的人時常相處在一起，是無法產生新思維的。

負面的人或正面的人、有錢人或沒有錢的人，跟各種不同的人來往，你的思維廣度會變得很不一樣。

換句話說，你覺得「那個跟我合不來的人」，正是幫助你發現新的發想和思維的貴人。

「比較感謝」，相互了解

了解自己和他人之間的差異，也能幫助你發覺自己的個性和優勢。

而且，察覺自己和對方的差異，了解自己沒有的想法，自然會湧現感激之情。

我把藉由跟別人比較，進而發現感謝的過程，稱之為「比較感謝」。

「現在的年輕人真的是……」我經常遇到煩躁不已的長輩這樣抱怨著，「現在的年輕人」和年長者之間的年齡差異，這個數字所產生的高低尊卑關係，是負面因子。

與對方為高低尊卑的關係時，就無法產生對等的信賴關係。

所以說晚輩是「現在的年輕人」的長輩，到現在還是跟年輕人合不來。

為避免這種情況，我們應該要做的是，把年輕人和自己之間的差異，當作

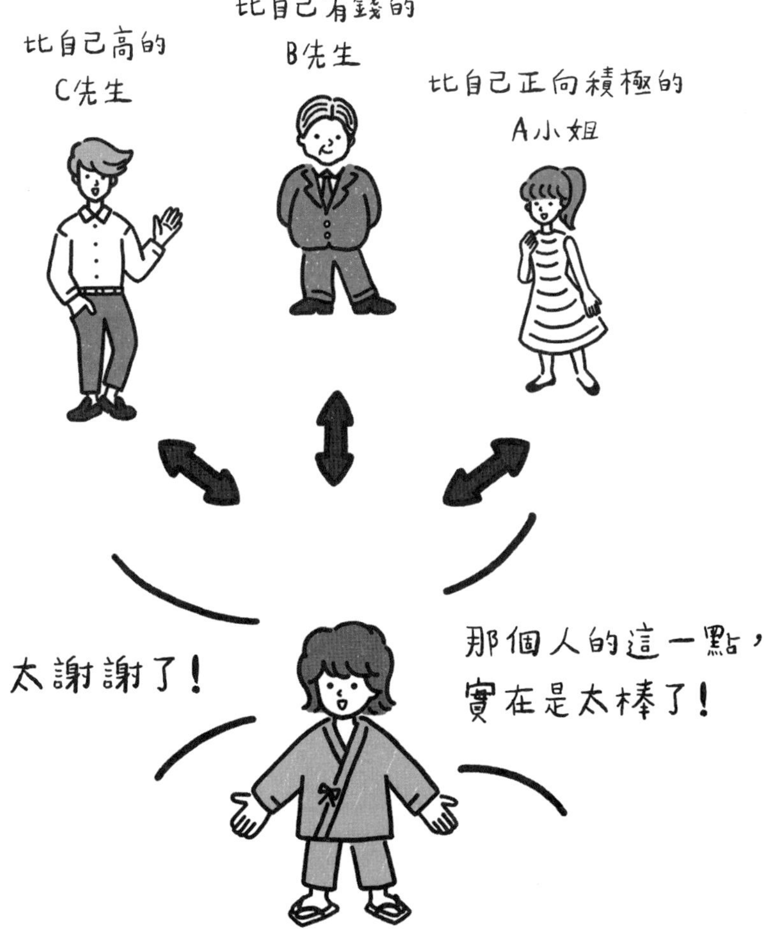
比自己高的
C先生
比自己有錢的
B先生
比自己正向積極的
A小姐
太謝謝了！
那個人的這一點，
實在是太棒了！

是新的觀點，並感謝它。

假如遇到任何人都能「比較感謝」，自然而然就不會因為跟別人比較而感到沮喪或難過。

感謝的技術9

刻意去了解跟自己價值觀不同的人在想什麼。

10 經驗越多，越是充滿感謝

我從知名演員高橋英樹、宇津井健身上學到的東西

這是我二〇〇六年第一次參與電視節目《世界最想上的課》時發生的事。我在節目中扮演老師的角色，而扮演學生角色的演出者當中，有昭和代表性演員高橋英樹和宇津井健。

在兩位大前輩前班門弄斧上課讓我非常緊張，後來聽說那集收視率為史上最高，收視率超過二〇%後，「感謝電視台邀請我參與演出」的心情油然而

生，讓我放下心中的大石頭。

但比起收視率，更讓我印象深刻的是節目錄製完後，散場時發生的事。

其他參與演出者一句「辛苦了」，便紛紛快速離開，只有高橋英樹和宇津井健特地前來致意，跟乳臭未乾的我說：

「老師，今天很謝謝您！」

他們的行為舉止真的很帥氣，那個場景彷彿像電影裡的某個橋段。

我因兩位大牌演員超高的感謝力而大受感動，那個感動的心情，到現在依舊記憶深刻。

感謝永無止境

隨著年齡和經歷的增長，人容易變得傲慢自大。

但兩位大前輩的態度，讓我再次了解到越是一流的人，越是謙虛。

仔細想想，我有很多機會跟社會上的成功人士交流，他們的共同點就是，**越是一流的人才，越是不驕傲，感謝力越高**。

而且初次見面決定了對別人的印象，也是決定今後彼此關係的重要時刻。那個時候，兩位大前輩讓我深刻體會到，原來好好表達感謝，會讓對方心情如此愉快。

這不只適用於工作場合。

假如你遇到再也不會見第二次面的人，例如：計程車司機、餐廳服務生、便利商店店員等等，也能保持著「感謝」的心，不只是對方，你也能為自己帶來幸福。

感謝永遠不嫌多。

無論對方是誰，都請永無止境地感謝對方吧。越是感謝，你越能感受到幸福。

感謝的技術10

不要用年齡或經歷來畫分高低尊卑。

11

讓表情隨時隨地都「和顏悅色」

人會看別人的表情，想像對方的心情

法國雕刻家羅丹的石雕作品「沉思者」，男雕像低頭身體往前傾、皺著眉頭。人在思考或是煩惱時，的確會出現那樣的姿態和表情。

假如說，石雕作品的題目是「愉悅者」，雕像會是什麼樣子呢？我想雕像應該會是雙手高舉、表情和顏悅色的樣子吧。

人與人之間有著共同認知——「思考＝表情嚴肅」「愉快＝和顏悅色」。

因此，人會無意識地依據對方的表情，去猜測對方的情緒。

假如有人表情嚴肅，我們就會猜想對方「是不是在思考什麼事情」，假如有人表情愉悅，我們就會猜想對方「可能發生了什麼好事情」。

但人本來就有負面情緒，如果沒有刻意留意，我們很容易流露出嚴肅的表情或是板著一張臉。

所以，假如你想讓周遭的人對你留下好印象，就要留意隨時保持嘴角上揚、和顏悅色的表情。

這種表情叫做「和顏」。

你總是擺出什麼樣的表情呢？

保持「和顏」，不僅能點亮周遭的氣氛，自己也能有好心情。

因為你的開朗表情，能讓周遭的人都沾染到你溫暖的愉悅心情，建構出良

好的氣氛和人際關係。

人的表情，是由過去的經驗和記憶所構成的。

比方說，你聽到「運動會」，會露出什麼樣的表情呢？

假如你過去曾有輝煌歷史，「每年運動會我都擔任大隊接力的最後一棒」；但假設你有不堪回首的經驗，例如「最後一次的運動會，在體操疊羅漢時摔了下來……」當然會流露出悔恨的表情。

也就是說，你的表情是受到過去經驗的影

響而成。

就算沒有愉快的記憶，只要刻意表現出愉快的表情，便能強迫大腦重新認知過去是「愉快的」。

「笑口常開福自來」這句俗語，正是所謂的「率先行動，改變現在」，巧妙利用人類潛在意識的技巧。

不是因為開心，所以微笑；而是因為微笑，所以開心。

正因為如此，隨時隨地保持「和顏」很重要。

為了解你平常都表現出什麼樣的表情，請先向你身邊的人請教一下，你平時最常擺出什麼樣的臉。

假如大家覺得「你常常表情嚴肅」，就要特別留意。

記得讓自己的臉保持嘴角上揚、和顏悅色的表情。

和顏悅色的人，會吸引和顏悅色的人。

假如你希望隨時隨地都能保持愉快的心情，就要表現出和顏悅色的表情。

當你的表情和悅，身邊的人自然也會跟著和顏悅色。

成為團體當中和顏悅色的角色，正是建立能夠感謝彼此人際關係的基礎。

感謝的技術11

保持嘴角上揚、和顏悅色的表情。

第三章

讓你天天幸福滿溢的小習慣

12 體驗真正的「感動」

滿足身心不怠慢

善待自己，是感謝的訣竅之一。

除了優質的睡眠、均衡的飲食、藉著美容和時尚打理自己之外，滿足自己的身心相當重要，不可以怠慢。

因為只要身心感到滿足，我們就會變得喜歡自己，能夠感謝自身的存在。

比方說，比起隨便買一個保養品，買自己一直很想要的保養品，用起來應該會更加珍惜。

「這個化妝水真滋潤，皮膚吸收超好，真棒。」
「這個護髮油讓頭髮變得好有光澤，太強了。」

像這樣滿足身心的時間增加，自然而然就會對身邊的人事物充滿感謝。

與其買名牌包，不如把錢花在「初次體驗」上

每個人都喜歡「犒賞自己」。

買禮物犒賞自己，不但能激勵自我，也能成為繼續努力的動力。

但物質上的東西無法帶來真正的滿足。因為過一段時間後，又會想買其他東西，而且買東西時帶來的感動會減少。

想讓自己感到滿足，最有效的方法是「體驗感動」。

新的體驗，會產生新的感動。

去旅行、去看喜歡歌手的演唱會、學一項新東西等等，那不僅能讓你感到滿足，也可以使你成長。

我不記得小時候爸媽買過什麼東西給我，卻清楚記得第一次學會騎腳踏車的感覺。

之所以記得那麼清楚，是因為那樣的體驗讓我很感動。

感動的經驗，人是不會忘記的。

感動的經驗是你一輩子的寶物。

所以，你現在要做的就是投資體驗。

就算買了名牌包包，東西到手的感動過了幾個月就會消失，但體驗所帶來的感動能滿足你的身心，永不忘記。

雖說如此，無法常常出國旅遊、沒有時間學新東西的人也不在少數。

這樣的人可以嘗試看看「做過去不曾做過的事」。

比方說，買不曾讀過的作家的書，去不曾去過的地方散步，看一直都沒有興趣的新類型電影等等，嘗試看看新體驗。

在那樣的過程中，你一定可以找到「初次的感動」。

小小的感動日積月累，不僅能滿足身心，也是為你帶來能夠感謝自身存在的契機。

感謝的技術12

讓自己去體驗怦然心動。

13

向身邊的物品工具表達感謝

試著以「跟別人借來的」的感覺面對物品工具

人擁有各種不同的能量。

「我要成為世界第一的藝術家」的欲望，「我絕對不原諒那個人」的怒氣，「我要守護地球」的願望等等，這些全部都是能量。

然而欲望、憤怒和願望，卻包含了負面因子。

「如果願望實現不了該怎麼辦？」我們容易這樣想，憤怒的能量更不用說，充滿了負面能量。

而「感謝」這股能量，則完全不含有任何負面因子。

正因為如此，感謝是最棒且最多的能量。

書法是瞬間決勝負。因此，一直以來我不斷地思索著，該怎麼在短時間內引發出最佳的能量。

我持續實驗了二十多年之久，試來試去我發現，還是「感謝的狀態」能引發出最好且最多的能量。

寫書法時，當我把心思放在感謝上，寫書法給我的感覺，與其說是「我在寫書法」，不如說是「別人給予我機會寫書法」。

毛筆、硯台、紙等等工具，沒有一個是我自己做的。使用別人做的東西，讓我產生「跟別人借來的」的心情。

文字也不是我創造出來的。

我只不過是參與了書法藝術長遠歷史的一小部分而已，用這樣的感覺寫書

法，讓我寫出了最佳的作品。

這幾年來我有幸創作了超過三千件的作品，我發現，用感謝的心來創作，一點也不覺得疲憊。

因為感謝是源源不絕的永續能量。

正因為處於不匱乏的時代，更要心存感謝

日本二戰後，透過大量生產的製造業，復甦了經濟。

多虧了戰後快速的經濟成長，在當今的時代，我們能在想吃的時候，吃想吃的東西，大部分想買的東西，去到哪裡到處都有賣。

在這樣的時代背景下，我們時常把擁有的東西視為理所當然。

擁有東西，光是這樣就很幸福了。

我們必須先意識到這點。

為了意識到這點，你必須試著去懷疑，眼前一切如此理所當然的世界。

現在所有的一切都是理所當然的嗎？從這樣的角度來觀看世界，所有的「理所當然」，都會變成「感謝」。

比如你平常使用的馬克杯，請你想想看「為什麼這個馬克杯會出現在這裡」。

如此一來，**你應該就會發現，看似平凡的馬克杯之所以會出現在眼前，是因為有人設計了馬克杯，有人生產了馬克杯，有人把馬克杯運送到了店家，有人販賣了馬克杯，然後自己買了這個馬克杯。**

缺少任何一個環節，這個馬克杯就不會出現在這裡。

讓我們養成習慣，學會重新審視日常生活中再尋常不過的東西。

那會是幫助你發現感動的契機。

感謝的技術13

想像你眼前的東西，經過了哪些人之手。

14 雙手合十

你曾對著孩子的睡顏雙手合十嗎？

平凡的日子過久了，我們容易忘記感謝。
因此，為了不忘感謝，刻意設定一個感謝時間很重要。
你可以為自己設定一個獨特的感謝行動。

在工作晚歸的日子，或是工作到半夜時，我都會在睡前，對著太太和孩子的睡顏雙手合十。

雙手一合十，我的心情就會充滿感謝，「謝謝你們來到我身邊」「感謝你總是這麼有活力」「謝謝你跟我相遇」。

我在做任何事情之前，都會先雙手合十。開始寫書法前、上台演講前、接受採訪前等等，在打開實行那些事的房門之前，我都會先雙手合十行禮。用餐、打掃或是直播，我都會在開始之前雙手合十。

我不知道一天雙手合十了多少次，但我會這樣做，是因為我的大腦已經形成了「感謝＝雙手合十」的反應機制。**為了不忘感謝，建立一套自己獨特的「感謝＝做〇〇」行為機制，能讓感謝變得更容易**。

比方說，「一邊說謝謝，一邊閉上眼睛三秒」，或是「雙手合十，說三次感謝」等等，你可以建立一套屬於自己的感謝行動，實踐看看。

大便也要感謝

不是只有受人恩惠時，才表達感謝。

捨棄、放下了什麼時，我們更要表達感謝。

比方說，你在捐款或募款時，都抱持著什麼樣的心情呢？

有些人會說：「我不是因為有錢所以捐款，而是因為想成為有錢人，所以才捐款。」這的確有其道理，但因為別人勸募，勉為其難捐了點錢；或是因為想成為有錢人的不正當念頭而向人募款，這些行為都孕育不出好能量。

相對於此，抱持著「感謝我的錢包裡有這些錢」「感謝這筆錢能幫助到別人」的心情，付出去的錢，在那之後會在最好的時刻回到身邊。

先跟正在用餐中的讀者說聲抱歉，其實**我在上完廁所沖水前，也會雙手合十跟大便說「謝謝」**。

大便是生物之間共同的、非常珍貴的東西，因為有辦法排泄，就表示現在的自己很健康，值得感謝。

正因為如此，我總是很自然地對大便雙手合十。

無論是錢財還是大便，放手說再見時，更要感謝。

在放下、捨棄時，跟東西說謝謝，你應該能深刻體會到，放下的東西帶來更大

的能量，以新的姿態重新回到你的身上。

感謝的技術14

放手說再見時，更要雙手合十說謝謝。

15

行為舉止要恭敬有禮

恭敬有禮地丟垃圾，人生發生了改變

過去我在社群裡談到「**恭敬有禮地與世間的森羅萬象來往**」時，有位女性表示「我丟垃圾時都用扔的」。

我當時回應：「那你從明天開始，丟垃圾時不要用扔的，試著輕輕地把垃圾放下去看看。」做為那天集會的結束。

過了一個星期，她又來參加我的社群聚會，告訴我在那之後發生的事。

「在那之後的一個禮拜，我去丟垃圾時，都試著輕輕地放下垃圾。結果，我對一起買罐裝啤酒喝的朋友，或一起開會的人，都湧現出感謝的心情。」

「沒想到恭敬有禮地丟垃圾，改變了我對垃圾的看法。我也想為地球環境和永續發展做點貢獻。」

我聽了這段話非常感動，**同時也讓我再次了解到，用恭敬有禮的方式，去做日常生活裡再平凡不過的事情，就能孕育出感謝**。

仔細想想，其實人對重視的事物，總是小心翼翼的。

泡溫泉時，會慢慢地進到溫泉池裡；撫摸心愛的寵物時，動作也會變得溫和輕柔。

既然如此，恭敬有禮地去做日常生活中理所當然的事情，是不是就會從那個事物當中發現新的觀點呢？

喝咖啡時也是一樣，不要馬上喝咖啡，先聞聞咖啡香之後再喝。

刷牙的時候也是，不要馬上就把牙刷放進嘴裡，先看看牙刷的刷毛，觀察看看刷牙時，刷毛會怎麼移動變化。

平時隨便做做的事情，換成恭敬有禮的方式去做，你應該會發現到，原來自己平時的行為有多粗魯隨便。

「恭敬有禮」是察覺「感謝」的觸發機制

有些人對「書法家」的印象可能是安靜溫和，但老實說我的個性很急躁且粗枝大葉。

辭去工作，決定以書法家的身分過活時，我的內心常常感到很茫然混亂，想當然耳寫不出什麼好作品。

但是在我發現了「感謝」的力量之後——

「多虧了這支毛筆吸滿了墨水，我才有辦法寫字。」

「如果沒有這個文鎮，字一定很不好寫吧。」

這樣想，我的思緒就不那麼紛亂了。

仔細想想，日本的茶道和華道（插花），行為舉止也是恭敬有禮。明明喝茶不需要把茶碗轉三次再喝，但刻意讓舉止輕柔緩慢、恭敬有禮，儀式化的行為孕育出了能量。

比方說，請你試著觀察一下，用毛巾擦頭髮的行為。平常不怎麼花時間、很快擦一擦就好的事情，請試著用兩、三倍的時間做做看。

從那個過程中，你應該會察覺到毛巾的觸感、香味、吸水力之好，對毛巾產生感激之情。

換衣服、洗澡、做飯、打掃等等，這些你平時沒去想太多的日常小事，請試著恭敬有禮地做做看。

慢慢且用心做的過程中，你應該會發現其中美好之處，對此感到感動，並孕育出感謝之情。

感謝的技術15

日常小事用兩倍的時間去做做看。

16

在社群媒體上發文感謝

「今天最感謝的事情」是什麼？

現在很多人都使用社群媒體自由地表達意見。

但**網路上盛行的，大多是負面的言論，跟感謝有關的言論出乎意料得少。**

由此可知，感謝是容易遭到遺忘、非常稀有的存在。

感謝是隱藏在日常生活裡的寶藏。

正因為如此，不自己去尋找，便無法發現那個寶藏。

而且，感謝這樣寶物，發現得越多，人生越能過得幸福美好。

我想閱讀本書的讀者，大多是社群媒體的使用者。**為了更容易找到感謝寶藏，請在社群媒體上發則貼文，寫下你「今天最感謝的一件事」看看。**

比方說，「雖然今天發生了一些討厭的事情，但愛犬來撒嬌讓我覺得很開心。」「今天工作好累，但回到家後，老婆親手烹調的料理真是太好吃了！」等等，**找到隱藏在生活當中的寶藏，那一天就能以積極正面的心情畫下句點。**

除此之外，假如有人對自己分享的事情產生共鳴，或是貼文下有留言等等，那些都是會隔天的活力來源。

發布「感謝新聞」

大約從一年前左右開始，我和友人水江卓也一起發起了「感謝新聞」這個社群媒體的活動。

社會上感謝的資訊實在是太少了，所以我們就想說，乾脆自己來做感謝新聞，收集世界各地的感謝故事。

前幾天，住在芬蘭的夫妻參加了我們的社群活動，跟大家分享他們的庭院結了很多蘋果，讓他們充滿感謝的故事。他們的故事讓我再次深刻體會到，**感謝真的是不分國界**。

無論是網路上還是實體面對面的場合，人聚集在一起很容易聊起負面的事情。因為八卦、壞話聊起來總是比較熱絡。

另一方面，感謝的話題很難炒熱氣氛。找不到感謝事情來說也是其中一個原因，但更有可能的是，感謝的話題很容易被認為是在自我炫耀。

如果在社群媒體上，看到一張在高級轎車前比YA的照片，下面寫道「感謝我的法拉利」，應該會覺得「這個人在炫耀」吧。

又或者是「感謝我親愛的老公」「可愛的女兒，謝謝妳」等等內容，能欣然接受這類貼文的人恐怕少之又少。

身處於容易對滿是感謝的貼文感到「厭煩」的社會，這很讓人哀傷，但也是現實情況。

但是發布感謝貼文的人當中，有些人真的是真心充滿了感謝，這也是不爭的事實。

所以不要想太多，隨興在社群媒體上發一篇「今天最感謝」的貼文吧。

對外發布感謝的資訊，自然而然會吸引到相同頻率的人聚集而來。多虧了感謝的力量，我身邊聚集了很多感謝力超群的人。

感謝的技術16

在社群媒體上發布感謝訊息。

17

將感謝用紙筆寫下來

書寫「感謝日記」

我從幾年前開始養成了寫「**感謝日記**」的習慣。

我會在睡前回想「今天感謝了哪些事情」，以日記的形式寫下我對那件事情「有多感謝」，這是我每日的功課。

比方說，針對那天發生的事情，寫下你的感激之處。

- 晚餐時，太太做的漢堡排眞是美味。
  感謝爲大家做晚飯的太太，感謝農夫生產了肉和蔬菜。
- 帶孩子去公園玩，感謝家人的身體都健健康康的。
- 今天好冷。感謝棉被，溫暖了我的身體。

把感謝寫出來，你就會發現，平時覺得理所當然的事情，有多麼值得感謝，因而能打從心底感謝自己身處的環境。

無論是誰，有好事發生的日子，都會感到特別幸福。

但像現在這樣活著，就已經是非常值得高興的事情了。

沒什麼特別的日子，更要從中找出感謝。

為了讓自己從生活中發掘出感謝，我很推薦晚上來寫「感謝日記」。

把身邊的物品寫出來，然後從感謝的角度來觀察

身為書法家，我當然很喜歡寫東西。

我很喜歡把看到的東西，或是靈光一閃想到的詞彙寫出來。

比方說，「免洗筷」「醬油」「面紙」等等，把日常生活中常用的東西寫在紙上，然後從感謝的角度去觀察。

用這個方法來觀察身邊的物品，你應該可以發現，有很多東西實在是太方便了，可以說「世界沒有它不行」。

這有點類似「尋找感謝的遊戲」，你可以當作是提升感謝力的練習，如果你有想到什麼合適的東西，可以寫下來，試著感謝看看。

感謝的對象可以是「人」，也可以是「東西」。

家人、朋友、工作上有往來的人，甚至是食物、地球和宇宙等等，把你突然想到的人事物寫在紙上，並寫出它有什麼的地方讓你特別感謝。

這個方法也能幫助你，養成深入思考的習慣。

比方說，你在紙上寫下「空氣」。

你應該會產生疑問，例如：

「為什麼人沒有空氣就活不下去？」

「飛機裡該如何維持有氧氣的狀態？」

進一步去尋找問題的答案，增長知識。

試著把你現在看到的、閃過腦海的東西寫下來，然後從感謝的角度去觀察看看。

當你因此吸收了新的知識和思維，自然就會產生感激之情。

感謝的技術17

把感謝化為文字，寫在紙上。

每日功課

來寫寫看感謝日記吧！

例如：帶孩子去公園玩，感謝家人的身體都健健康康的。

18 用「呼吸」調整自己

調整內心的平衡

彈吉他前，要先調音。

因為沒有調好音，吉他彈不出好音色。

人也是同樣的道理。

如果不知道自己現在處於何種狀態，內心和行為無法取得平衡，得不到自己想要的結果。

想了解自己目前的狀態，就必須調整心靈。

為此必須讓自己停下腳步，預留點時間，好好面對自己。

這樣做，能幫助你了解自己，例如「今天好忙，腎上腺素大增，有點太亢奮了。」「我現在覺得非常煩躁，完全沒心情感謝周遭。」等等，釐清接下來該採取什麼樣的行動。

比方說，鬍子留太長，刮起來很麻煩；腳踏車爆胎，送修要花很多錢。**但假如平時有定期維修保養，只要稍微處理一下，馬上就可以修好**。人也是一樣。時常面對真實的自我，好好因應紛亂的心，馬上就能找回原本的自己。

為此必須定期調整自己，取得身心的平衡。

而**「呼吸」**是非常好的方法。

「息」這個字由「自己」的「心」所組成的理由

幾年前，我參加了一個電視節目的演出，節目的企畫是透過紅外線熱像儀，調查寫書法時氣息的流動。

兩位電視台工作人員測出來的結果是氣流散亂，但輪到我時，測出來的結果並未散亂，氣流呈現出一個漂亮的圓。

這個實驗讓我了解到，原來我在寫書法時會無意識地調整呼吸。

當人感到緊張或不安時，呼吸會紊亂。電視台的工作人員恐怕是因為不習慣寫書法，所以呼吸變得紊亂吧。

呼吸亂了，氣就亂。「息」這個字，是由「自己」的「心」所組成的理由可能就在於此。

相對於惡劣的環境，人身處良好的環境時的表現明顯較佳。既然如此，我們應該要隨時調整呼吸，創造良好的「氣」，為自己打造良好的環境。

這其實這一點也不難。

只要慢慢地吸氣吐氣、調整呼吸就可以了。

現在坊間有各式各樣的呼吸法。

比方說，「吸氣幾秒，然後過多久吐氣幾秒……」但這類方法，很容易太過在意秒數，而分散了注意力。

相對地，「只要慢慢吐氣就好」，這個方法應該每個人都會。

那個時候，請想像一下你正在**「吸入祝福，吐出感謝」**。

吸氣時祝福身處的環境和周遭的人事物，然後抱著「感謝」所有一切的心情吐氣。

如此一來，祝福和感謝在身體裡的輪廓會越來越明顯，氣的循環也越來越良好。

19

讓棉被成為感謝裝置

睡前想想「爸爸、媽媽和祖父母」

夜晚是情緒容易低落的時刻。

「明天真不想上班。」

「今天被說了難聽的話。」

像這樣情緒變低落時，容易睡不著，是壓力和睡眠債的成因。

優質的睡眠，會提升日間的工作表現。

也因此，**睡前的感謝儀式能帶來極佳的效果。**

我在睡前會想像「爸爸、媽媽和祖父母」的臉，然後雙手合十說「謝謝」。

大家都說要「感謝祖先」，但有些人根本不知道祖先長什麼樣子，恐怕聯想不出來。

但大部分的人應該都知道，「爸爸、媽媽和祖父母」這六個人長什麼樣子。

在腦海一個一個去想像每個人的名字和臉，不但能增強感謝的能量，還會覺得自己受到「爸媽和祖父母」六個人的守

護，而能安心地睡著。

假如你總覺得「自己睡相很差」，或是「晚上情緒容易變得低落」，就想像一下爸爸媽媽和祖父母的臉，然後雙手合十吧。

抱著感謝入睡，抱著感謝起床

感謝完爸爸、媽媽、祖父母六個人後，接著請回想一下家人和今天遇到的人，開口把感謝說出來看看。

這個時候，感謝的對象未必一定要是人。

感謝的對象可以是毛巾、付費停車場、書法教室、公司、罐裝咖啡、指甲剪等等，什麼都可以。由衷地感謝任何你想到的東西。

抱著感謝的心情入睡，起床時的情緒也會變得不一樣。

抱著負面的情緒入睡，起床後仍會受到睡前的情緒影響；而抱著感謝的心情入睡，光是起床睜開眼睛就足以令人感動。

抱著感謝的心情入睡，抱著感謝的心情起床。

不斷累積感謝的時間，是建立美好人生的第一步。

感謝的技術19

有意識地抱著感恩的心結束一天。

20 用餐時要誠心誠意

笑著說「開動了」

「開動了。」

多虧了這句話，日本人有很多練習感謝的機會。

我認為這是日本獨特的、非常好的感謝習慣。

「領受了（いただきます，常譯為「開動了」）」，指的是「領受生命」的意思。

這一句話能一次感謝很多人，例如飼養家畜、栽種蔬菜的人，搬運食材的人、烹調食物的人、上菜的人等等。

除此之外，還有製作餐具的人，生產刀叉筷子的人，製作了餐桌和餐椅的人等等，可以感謝的人數也數不清。

「開動了」才短短幾個字，但沒有什麼比它更能夠一次感謝這麼多人。**「開動了」為我們提供了感謝眾人的機會**。讓我們養成吃飯時，笑著說「開動了」的習慣。

讓感謝充滿每一個細胞

雖說如此，但也有的人不說「開動了」，或是說的時候面無表情，那樣沒什麼太大的意義。

接下來要談的東西可能有點複雜難懂，簡單來說，所有原子都有其固定的震動次數，比如一顆「飯糰」也有它特有的震動次數。

人體大約有四十兆個細胞和一百到兩百兆個細菌，所有一切都是由能量組成的。

我們之所以會感覺「總覺得這個空間令人有點不舒服」「這個房間有點悶熱」等等，都是因為身體的細胞感受到特殊的頻率所致。

我們平時在用餐時，就是身體所擁有的能量與東西所擁有的能量，彼此溝通往來的過程。也就是說，用餐是為你帶來良好能量的重要時刻。

愛因斯坦發現一個原子含有的能量超乎想像。人讓原子核分裂，因而得以操控原子核能。我想各位一定也能理解，由無數個原子所組成的人體，假如讓**所有細胞都充滿「感謝」，我們也潛藏著深不可測的巨大能量。**

無論是放進你口中的食物，還是你自己本身，一切都是能量。
既然食物都是要送進嘴裡，不如就來好好地吸收能量。
吸收好能量的方法，就是抱著感謝的心說「開動了」。那正是讓你強大的祕訣。

感謝的技術20

重視用餐的時間。

21

將打掃視為神聖的儀式

打掃的態度，決定你往後的人生

你平時都抱著什麼樣的心情在打掃呢？

大部分的人打掃時，心裡應該都想著「真麻煩」「不得不做，好痛苦啊」。

不打掃，房間就會亂七八糟；房間亂，心就亂。

在乾淨的房間工作，還是在髒亂的房間工作，兩者的工作表現大不同。

換句話說，打掃不只是讓房間變乾淨，也是影響你工作效率的重要因素。

從風水的角度來看，如同書上常寫到的：「房間乾淨的人大多比較有成就」「把馬桶刷乾淨，能帶來幸福」，絕對是因為**打掃淨化了房間的「氣」**。

工作效率提升，運用時間的方法就會變得不一樣。當時間有了餘裕，就可以把時間拿去做自己喜歡的事，使人生變得更多彩豐富。

把你身處的環境，例如家裡或工作的地方打掃乾淨，打造一個能為你帶來正面影響的日常生活環境。

感謝讓打掃變輕鬆的時代

我一直都認為打掃是「神聖的儀式」。

比方說洗碗時，邊洗邊說著「謝謝」「感激」「太感謝了」，跟碗盤大小搭配起來剛剛好的菜瓜布海綿；油炸東西後，也能把油汙洗乾淨的洗碗精；打開水龍頭，就流出乾淨的自來水，也會讓人感動不已。

洗衣服的時候也是一樣，一個按鈕按下去，從洗衣、脫水到烘乾，全部都自動完成；曬衣服的時候也是，感受到太陽的溫暖和風的味道，心情就很愉快。

打掃蘊藏著非常豐富的能量和感謝。

使用吸塵器、洗衣機、洗碗機等等前，我也會在心中想著（有時也會說出口）：「麻煩你了，感謝。」然後按下開始鍵。

一個按鍵按下去，就有人自動幫忙做家事，在幾十年前應該很難想像吧。只要短短的一秒鐘，察覺到隱藏在按鈕按下去那一刻、理所當然背後的美好，自然就會對身處的時代如此便利充滿感激。

比方說，**想像自己是筆記型電腦，假如使用者是一邊感謝、一邊溫柔地按下開始鍵，身為筆電的你應該會「好！今天也來做張漂亮的試算表吧！」「Wi-Fi來吧！」因而充滿幹勁吧？**

相反地，假如有人板著一張臉、心不甘情不願地按下開始鍵，你恐怕很難提起勁吧。

大部分的人在電腦壞掉之前，都察覺不到電腦的好。

這個道理也能適用於人際關係上。

失去了對方，才發現對方的好，正是

平時不夠感謝對方的證據。

覺得這就是在講自己的人，先從改變看待打掃的態度做起吧。那會是從現有一切當中找出感動，很好的練習機會。

感謝的技術 21

抱著感恩的心，慎重地打開吸塵器的開關。

最終章

感謝的技術，讓你好運降臨、好事連連

22

提升感謝的等級

你的願望大多早已實現

大部分的人都追求著自己沒有的東西。

「希望我的願望能實現」「希望美夢成真」等等，許多人都認為，為得到自己想要的東西而努力是對的。

但請仔細想一想。

每個人早已實現許多願望了。

大家小時候有沒有這樣的願望呢？例如「我想吃很多蛋糕，吃到肚子很撐」「我想開車」「我想搭飛機出國旅行」等等。

那些願望，現在成真了嗎？

我想大多數的人，這些願望早已成真了吧。

願望實現時，人大多忘了自己曾許下那樣的願望。

請回想一下，你過去曾經許下的願望。

你早已實現了許多願望，所以才有現在的你。

而感謝也是同樣的道理，理所當然的日常生活更是值得感謝。

感謝有四個階段。

1 **感謝所有一切的人。**

2 **察覺到感謝的人。**

3 **察覺到感謝，卻不感謝的人。**

4 **察覺不到感謝的人。**

大部分的人都在「2」或「3」的階段，假如希望自己變得比現在更幸福，就必須一點一點提升感謝的等級。

如前面多次提到的，想提升感謝的等級，就必須感謝眼前的一切。

常常有人會祈禱「神啊，請讓奇蹟發生」什麼的，但是對神來說，這種願望沒有意義。因為光是地球運轉著，我們存在於世界上就已經是奇蹟了。

先想想你現在屬於哪一個感謝的等級。

然後去發掘你現在已經實現哪些願望了。

如此一來，你的感謝等級應該會往上提升。

「我付出了〇〇，卻……」的反應，代表你期望感謝得到回報

感謝，會變成兩倍回到自己身上。

雖說如此，也不能因此要求感謝要有所回報。

因為在期待能得到回報的那一刻，你的感謝力就會下降。

「明明我做〇〇都是為了你……」

「我為對方付出了△△，對方卻……」

雖然沒有說出口，但你在心中想著「我付出了〇〇，卻……」的時候，就代表了你期待付出有所回報。

書法的世界也是一樣，當心中有「我明明寫了這麼好的作品……」「我明明這麼努力了……」的想法時，就寫不出最棒的作品。

抱著「感謝大家給我這個機會寫字」的心情來寫書法，則可以寫出令人滿意的作品。

而且感謝未必會從你感謝的對象而來，而是可能從不同的地方，或是隔了一段時間後，才會回到自己身上。

了解到這點後，你應該不會期待從眼前的對象得到回報。

不求回報，正是建立良好人際關係的基礎。

而且，說起來**感謝並不是「給予」，而是「察覺」**。

請以玩遊戲的感覺，從你身處的環境、眼前的人事物當中，尋找出「感激之情」，察覺出「感謝」吧。

感謝的技術22

感謝是不求回報。

23 從「虛假的感謝」開始吧！

創立世界感謝日「感謝69」的理由

我萌生創立「世界感謝日」的想法，是在二〇〇九年的春天。

我之所以有那樣的念頭，是源自於某次家族旅遊時發生的事。

孩子們在旅遊途中吵架，不阻止他們，就會吵得沒完沒了，所以我把他們兩個帶開，然後說：「請你們跟彼此說謝謝。」兩個人小小聲地說了「謝謝」後，馬上又恢復成感情融洽的樣子。

剛才吵得那麼激烈，沒想到稍微拉開距離，彼此說聲謝謝後，這麼快就和好了，讓我很感動。

那個時候，我腦中浮現了這樣的念頭：「也許國家與國家之間，只要彼此感謝，就不會有紛爭了。」

「假如國家與國家之間能感謝彼此，世界可能會因此有所改變……」

那就是我成立世界感謝日**「感謝69」**的契機。

「感謝69」如字面所述，是每年的六月九日。

為什麼是六月九日呢？因為「6」和「9」可以分別代表陰和陽。

而且6和9接起來就會變成「∞（無限大）」。

就將價值觀相異的人連結起來，創造出無限循環來看，「6」和「9」是最佳數字，因此我將世界感謝日訂為六月九日。

「感謝69」是一次引發出人類所有感謝力的慶典。

世界上現有的慶典，大多是祈求五穀豐收、風調雨順、國泰民安。之所以這樣祈求，是因為大家都知道這樣效果最好。

「心懷感謝，便萬事太平」是自然界的真理。

就算最初的感謝是虛假的，只要持續不斷地感謝，感謝最後就會變成真的。

就算不是真心的也沒關係，向自己感到棘手的人說謝謝；做做表面功夫也沒關係，向總是難以開口說謝謝的家人和伴侶表達謝意，之後彼此的關係就會產生變化。

世界無法簡化的問題如山多。

但只要一天就好，試著在那一天放下憤怒和仇恨，並表達感謝，我抱著這樣的期望，每年都以「感謝」為主題宣傳並舉辦活動。

只要感謝日的精神能傳達給更多人知道，感謝日就會從「不得不感謝的日子」，變成「想感謝到不行的日子」。

鍛鍊你的感謝肌肉

持續表達虛假的感謝，久了之後你的感謝肌肉就會越來越扎實，大幅提升你的感謝力。

老實說，人擁有的情緒都可以說是虛假的。

比方說，談戀愛的時候，粉紅泡泡讓你覺得對方看起來「很帥」，一切都很美好。

但是一分手，就覺得對方「根本不怎麼樣」，不是你本來就充滿憤怒和不滿的情緒，而是因為你戴上了憤怒和不滿的眼鏡，引發了那樣的情緒。

也就是說，我們所有的情緒都是「想像」而來的。

正因為如此，情緒隨時都能改變，一切掌握在你手上。

首先，察覺自己的情緒，增加切換到感謝模式的次數。那是提高感謝力，讓你隨時都覺得幸福快樂的訣竅。

「感謝」的相反是「理所當然」。刻意地留意你所認為的理所當然，並感謝一切。

你現在閱讀著這本書，也是因為你有眼睛、有雙手、有識字能力。

世界上有很多人連閱讀都做不到。

這樣一想，應該就會對自己所擁有的一切充滿感激。

感謝的技術23

感謝，從做表面功夫開始也無妨。

24

感到不安時，就感謝未來吧！

「現在的苦難」和「未來的感謝」，你選哪一個？

人擁有想像未來的能力。

那已經很厲害了，但更厲害的是，人還能夠感謝未來。

那正是世界各地舉辦慶典的起源。

「五穀豐收」，祈求的是過去已經發生的豐收，以及感謝未來的豐收。

換句話說，祖先知道**預先感謝未來**，**能改變現在**。這又稱為「預祝」，也就是事前祝賀。

假如你現在的處境艱難，不如想像一下克服困難後的未來，並試著感謝未來。

如此一來，你所想像的未來就會成為舒適圈（對自己而言的舒適環境），得以克服現實的困境，實現理想的未來。

人一次只會出現一種情緒，無法同時抱有「不滿」和「感謝」兩種情緒。

既然如此，選擇一種，讓自己充滿感謝不是比較好嗎？

當你充滿不滿和哀怨時，更要感謝未來。

感謝未來，能為你帶來打破現實的困境。

預先感謝未來！

「有野心的人」和「感謝的人」

人分成兩種類型——「有野心的人」和「感謝的人」。

「有野心的人」很有上進心，總是積極進取。但出乎意料地，常常因為過於努力，而忘了感謝。

另一方面，「感謝的人」因為總是惦記著感謝，不需要拚命努力，自然也能實現夢想和目的。

假如你想實現夢想、想獲得成功，你要做的不是拚命努力，而是感謝。感謝，最終會成為你實現夢想的捷徑。

期待未來跟感謝未來，兩者之間的層次天差地遠。**期待和願望隱藏著傲**

慢，而感謝不存在那樣的情緒。

因此，人所擁有的情緒當中，感謝擁有的能量等級是最高的。

感謝的技術24

想像美好的未來，預先感謝未來。

25 走路時，記得東張西望

我們的步伐，可能有點太匆忙

忙碌的現代人，隨時都必須跟人爭鬥。每天彷彿都在打仗的現代人，大多沒時間欣賞風景，沒什麼時間為自己而活。

然而，從世界其他角度來看，日本是非常和平的國家。

在日本不會突然遭到槍擊，也不需要逃離子彈的攻擊。

我們不需要活得充滿恐懼和不安，這就值得先心懷感恩。

忙碌的上班族，很多人光是處理眼前的工作就已經分身乏術。育兒中的主婦，總是被時間追著跑的人應該不在少數。

但**只要察覺到**，**自己活在這麼安定平穩的社會**，**你應該就會知道**，**現在之所以如此忙碌**，**都是自己造成的**。

我並不是要大家放棄工作和育兒。

但該怎麼做，才有辦法感受到祥和安寧的世界呢？

這樣的人，請有意識地放慢腳步。當時間流動的速度改變，你便能逐漸看到原本看不見的東西。

比方說，**試著花兩倍的時間**，**慢慢地走你總是快步通過的道路**。

「原來這裡有這樣的店啊。」

「這條路上竟然開了這樣的花。」

在慢慢走的過程，你一定會有新的發現。

那會是豐富你人生的契機。

但我的意思也不是一定要大家「抱持著好奇心，刻意地去尋找」。**而是抱著對凡事都有興趣的心，去看待森羅萬象**。如此一來，你自然就會遇到讓你充滿好奇的事情。發現新事物正是享受人生的祕訣。

我的學生當中，就有人說過：「我花了二十年的時間，才發現原來天空這麼藍。」

他總是把大把的時間花費在工作上，自從放慢了腳步、讓言行舉止恭敬有禮後，變得能夠享受日常生活中的每一個風景。

像他那樣原本身處的環境充滿競爭的人，一離開那樣的環境後，映入眼簾

的風景便截然不同。

為景色添加點色彩，便能通往美麗的感謝世界。

幸福最大的敵人是「無法享受當下瞬間」

那些總是在奮鬥的人，他們的共同點就在於，無法享受當下瞬間。

無法享受當下瞬間，正是幸福最大的敵人。

這個道理也適用於藝術家的世界。

有「我要成為第一」或是「我一定要成名」這類想法，是創作不出好作品的。

書法的世界也一樣。心中充滿感謝，然後將那股能量運用在寫字上，便能孕育出好作品。

無論是哪種類型的工作，若無法享受活在當下的感動，在講求勝負的世界，是做不出好結果的。

覺得這是在講自己的人，可以先試著去散散步，慢慢且仔細地觀察一下四周，那是幫助你脫離競爭世界的第一步。

從「放慢腳步慢慢走」「假日好好休息」開始，然後訂定出屬於自己的遊戲規則，例如：「走路時，一定要拍一張照片」「發現什麼好玩的東西，就要發到網路社群上」等等也不失為一個辦法。

最近，市面販售著可以拍出高解析度的照片、輕鬆裝到手機上的「外掛鏡頭」，拿著這樣的工具，邊散步邊拍拍附近的風景，也很有趣不是嗎？

感謝的技術25

慢慢地散步，仔細地觀察四周。

這間店感覺不錯耶。
COFFEE

來拍張漂亮的花朵！
河川真清澈，
來散散步好了！

26

感動的當下，馬上就要表達感謝

在便利商店說出給人感覺最好的「謝謝」

在前面說明過，感謝的相反是「理所當然」，**但人的大腦具有恆定性的特質，喜歡待在對自己而言的舒適空間，所以不想點辦法，我們馬上又會回到「理所當然」的狀態。**

正因為這樣，我們平時必須刻意地讓自己切換至「感謝模式」。

比方說，應該很少人會在走進便利商店時，心想著「真是感謝」吧。但假如遇到「忘了買牛奶」「沒電池了」的狀況，跑到附近的便利商店買到急需的東西時，就會覺得「有便利商店真好」。

那個時候，看待店員的眼光應該會發生改變，也能自然而然向店員說「謝謝」。

我平常去便利商店或通過高速公路的收費站等等，就算是不必特別表達謝意的場合，我也會提醒自己要傳遞最棒的「謝謝」。

因為跟再也不會見第二次面的人表達感謝，不僅對方開心，自己也能得到比付出還要更多的幸福感。

列出你的「理所當然清單」

家人、工作夥伴、伴侶和朋友，你活在各種人際關係當中。有些人你每天都會見到，有些人偶爾才會看到。

但無論是誰，一定都有讓你感到「感謝」的場合。

比方說，你會怎麼向為你做飯的太太表達感謝呢？

我總是在尋找跟太太說「謝謝」的合適時機。

因為我想在最棒的時刻表達感謝。

「這個是怎麼做的？好好吃喔，謝謝你耶。」我不希望表達感謝時，太太剛好離開座位，也想避免表達時，聲音被電視的聲音蓋過去。

像這類簡短的對話傳接球，能建立起彼此感謝、彼此信賴的關係。

假如你抱存著「太太做飯給我吃是理所當然的」想法，現在馬上就把那樣的成見給丟掉吧。

為了避免從感謝變回「理所當然」的狀態，平常可以事先條列出「理所當然清單」。

「理所當然清單」的例子：

- 有住的地方，睡覺時有溫暖的棉被可以蓋。
- 能自己開口吃飯，能自行排泄。
- 擁有能看見遠方的雙眼。
- 有工作，有收入。

重新審視日常，拿掉「理所當然」的框架後，自然就會從生活中看見感謝。那會是提升你的感謝力，感受幸福的最佳練習機會。

感謝的技術26

避免讓自己回到「理所當然」的狀態。

27

感謝的生活風格

近藤麻理惠把「整理＋感謝」推廣到全世界

書道，說難聽點「就只是寫寫字」。

華道只是插插花，茶道也只是喝喝茶而已。

但是把日常生活的行為儀式化，包含了「道」的概念的生活風格，具體展現了老莊的思想，這是日本獨特的文化。

而近藤麻理惠將「道」和「禪」的概念結合於「整理」上頭，她所出版的《怦然心動的人生整理魔法》暢銷全球。

她在開始整理前，一定會先祈禱。

西方世界沒有感謝物品的習慣，麻理惠感謝物品的整理概念因而蔚為風潮。

一般大多認為「住在時髦的房子」或「做喜歡的工作賺錢」才是理想的生活。

但**麻理惠把「感謝」，添加到每個人都會做的事情——「整理」上，讓日常便飯的小事儀式化**。

我第一次見到近藤麻理惠，是幾年前我到美國辦個展的時候。

我跟她對話時，站在一旁聽的美國籍工作人員當場哭了起來。

因為近藤麻理惠所說的話，充滿了時常被我們遺忘的「感謝」。

近藤麻理惠創造出「整理＋感謝」的新概念，為世界留下了偉大的功績，大家甚至說「麻理惠留下的功績，可以跟茶道宗師千利休匹敵」。

暢銷作家永松茂久，為「說話」帶來變革

永松茂久著的《共感對話：1分鐘讓人喜歡的對話術》總銷售量超過百萬本以上，榮獲二〇二一年度的銷售冠軍，這本書也是把「體貼、細心」的要素，添加到「說話」這件日常行為上，因而爆紅的好例子。

這本書之所以能成為暢銷作，最大的理由就在於，書的重點不在「如何說話」這類技巧性的內容，而是把焦點放在「對方內心深處的情感」。

那是這本書跟其他眾多溝通表達書籍最大的不同之處，這是作者本人告訴

我的。

把焦點放在對方的情感上，就是為對方著想。

為對方著想，就是尊重對方，若對對方沒有感激之情是做不到的。

那本書的最後提到**「祈求對方獲得幸福，是終極的說話技巧」**。如這句話所說的，為對方著想的心情才是最重要的。

永松茂久絕對稱得上是，將日常生活的小事神聖化的第一人。

我跟茂久除了工作之外也常常碰面，他身為日本代表性的暢銷作家，姿態卻一點也不高，總是把感謝掛在嘴上。

正因為他有顆溫暖的心，才有辦法暢銷作一本接著一本。

近藤麻理惠和永松茂久的共同點就在於，他們不僅很成功，而且總是幸福美滿。

不只是自己的成功，他們也打從心底由衷地祈求他人的成功和幸福。

我從那兩個人身上學到，無論是家人、朋友，甚至是競爭對手，只要有顆打從心底祈求他人成功和幸福的心，便能夠持續維持高水準的表現。

感謝的技術 27

觀察感謝專家的言行舉止。

28

愛自己

責備著自己的人，無法感謝他人

每個人或多或少都期望獲得他人認可。

在社群媒體上發文，當文章得到的「讚」數多時，自然就會很高興；追蹤者增加，就會覺得自己獲得了肯定。

但就算想獲得他人肯定的欲望滿足了，也無法提升自我肯定感。因為想獲得他人肯定的欲望無邊無際。

舉例來說，假如你的網路社群網站追蹤人數是一萬人，看到有人的追蹤人數是兩萬人，因而「心生羨慕」，就算你的追蹤人數成長到兩萬人，也不會感到滿足。

看到別人比自己優秀就覺得「羨慕」的人，無論怎麼做恐怕都無法讓自己滿足。

他人的評價，無法提升自己的自我肯定感。

自己肯定自我，
正是提升自我肯定感的捷徑。

提升自我肯定感的關鍵就在於，察覺「原來我生在這麼美好的世界，生活在這麼幸福的環境」。

感謝沒有地方和時間之分，感謝也沒有人與人之間的區別。

感謝的能量，發自你的核心（身體內部），傳達到遙遠的宇宙。

感謝的能量永無止境、無遠弗屆。

而宇宙的中心，沒有別的，你就是宇宙的中心。

身為宇宙一切能量根源的你，假如活得很沒自信，總是責備著自己，「我這個人一點成就也沒有」「我這麼爛……」是無法孕育出優質的感謝能量的。

正因為如此，我們必須感謝自己。

如果連感謝自己都做不到，更遑論感謝他人。

跟自己說「都是多虧了你」

日本人本來就不擅長感謝自己。

因為「堅忍」和「謙虛」被視為美德。

當別人誇獎你的時候，你是不是這樣回答呢？「沒有啦，才沒那回事。」「我根本還不成氣候啦。」

之所以會那樣說，是因為「謙虛是美德」的文化根植日本人心。

傳承日本文化非常好，但無論到了幾歲，都還是覺得「自己很爛」，令人有點悲傷不是嗎？

即便只是表面功夫，貶低自己的話語會刻印到潛意識中，使你的內心永遠無法獲得滿足。

「都是多虧了你」，是我最喜愛的一句話。

平常這句話是用在別人身上，但我們要反過來，**刻意對自己說「都是多虧了你」**。

如此一來，你便自然而然能夠感謝自己。

當你感到焦躁不安、心情煩悶時，可以試著雙手合十對自己說：「都是多虧了你。」

你應該會因此萌生珍惜自己的念頭。

人生是你自己的。

跟家人伴侶再怎麼要好，他們也沒辦法為你而活。

身為感謝根源的你，必須自己先感謝自己。

假如你能夠打從心底感謝自己，想必你的人生一定會好事降臨、好事連連。

感謝的技術 28

感謝別人之前，先感謝自己，讓自己充滿感謝。

29 感謝負面的事物

不用跟負面情緒太過斤斤計較

任何人聽到「負面」或「消極」，都會覺得是不好的事情，但未必如此。

比方說，你開車的時候，腦袋一旦浮現「如果那個轉角突然有小朋友衝出來……」或是「為避免發生事故，車子要慢慢開」等等想法，某種意義上是種負面情感。

負面情緒是預測這類危險，生存所需的情緒。

你所擁有的負面情緒，是求生存必備的情感，不完全是壞東西。

但過於負面就另當別論了。

在現今的日本，突然遭受獅子襲擊的可能性幾乎是零。

明明生活在這麼和平的世界，卻一直被負面的情緒所影響，豈不是太可惜了嗎？

雖說如此，任何人都會產生負面情緒。

產生負面情緒時，重點就在於「不要跟負面情緒斤斤計較」。

當你持續感到不安，憂心的想法常常揮之不去，感到煩躁不安、悶悶不樂的時候，就代表你的注意力集中在負面的事情上頭。

那個時候，請轉移你的注意力。

去外面散步、看電影，跟負面的情緒保持距離，強迫自己心情變好，很重要。

負面情緒裡隱藏著正面能量

負面情緒的深處隱藏著正面能量。

「如果考試沒考上怎麼辦？」這樣想是因為對考試合格後的未來有所期待；「如果生病怎麼辦？」則是希望自己長命百歲。開車時我們會預測危險，也是出自於「想活下去」的正向情感。

我會發現這個道理，是因為跟母親之間發生了這樣一個故事。

我三十多歲時，剛好是母親暴躁易怒的時期。

那一陣子我總是聽著母親打電話來跟我抱怨、宣洩情緒，有次母親這樣說道：

「我為什麼這麼愛生氣啊？」

接著她彷彿發現到了什麼，然後說：

「我知道了，因為我從憤怒得到了好處。」

我還沒有領會過來，便問道：「有什麼好處呢？」

母親回道：「我們家有三個小孩，我排行老么，長大的過程少有爸媽的關愛。有一次大發了脾氣，大家都因此把焦點放在我身上。所以我才會誤以為，只要亂發脾氣，大家就會對我好。」

在那之後，母親的抱怨電話大幅減少了。

母親以她的親身經歷，告訴我負面情緒隱藏著好處。

當你受到負面情緒影響的折磨時，請找找看隱藏在負面情緒背後的正面能量。

了解到負面情緒背後隱藏著正面能量後，不滿自然就會減少許多。

甚至可能因此產生感激之情。

事物是好是壞，一切端看於你如何觀看。

因為賦予事物意義的人是你。

正因為如此，我們要優先選擇感謝的情感。

雖說如此，假如遭到打劫，恐怕

很難感到「感謝」吧。

別人也常常問我：「雙雲，你肚子痛的時候，心中也充滿感謝嗎？」肚子痛得半死的時候，實在很難心懷感恩。

但是你可以把注意力集中在正面的情感上。

比方說，就算生病了，假如你能這樣想：「謝謝生病讓我有機會休息」「感謝身體感應到疾病」等等，自然就會湧現感激之情。

但我的意思也不是要大家「勉強自己積極正面」。

而是從各種不同的觀點，從多元的面向觀察事物。那是遠離負面情感的祕訣。

感謝的技術 29

窺視負面情緒的另一面。

30 把感謝散播出去

你感謝大家，大家也感謝你

幾年前有本名叫《一天說一百次以上「謝謝」就能得到幸福》的書蔚為風潮。

我曾經挑戰過一次，但中途受挫失敗。

「必須說謝謝」的義務感帶來壓力，令我感到疲憊。

既然如此，我就決定不把感謝的對象限制在人上頭，也以輕鬆的心情向物品說謝謝。

結果不知不覺中，**「真是感謝」**成了我的口頭禪，在那之後無論看到什麼都反射性地覺得很感謝。

而且我發現，**就算原本一點也不覺得感謝，因為先說了「真是感謝」，大腦便會自己去尋找「為何感謝呢？」的理由**。

比方說，在職場上被講了難聽的話，假如先開口說「真是感謝」，你可能因此發現：「原來那個人是為了我，才說那種話的啊。」或是，「會發生這種事，可能是因為我忘了初衷吧。」

這些覺察的日積月累，都是你提升感謝力的練習。

假如你身處艱難的環境，或是無法跟身邊的人彼此感謝，請你先試著自言自語般開口說「真是感謝」。

這樣做，你的大腦便會自己去尋找感謝的理由。

找到理由後，請坦然地接受它吧！那正是你跳脫負面思考的方法。

一切都由你作主

「忙」這個字，是由「心」「亡（死）」所組成。

如「忙」字面所述，**忙碌時，內心失去餘裕，容易沒有耐性**。

我所認識的藝人和名人當中，可能是因為他們太忙了，有些人給我感覺他沒有活在當下。

工作忙到沒有餘裕，這個煩惱聽起來可能有點奢侈，但總覺得，維持令人憧憬的偶像形象，與現實之間似乎產生了差距。

不僅限於藝人，日本忙碌的人特別多。

但大家都起床的時間差不多，工作的時間差不多，回家的時間差不多，就寢的時間差不多，生活型態其實沒有太大差異。

大家日子都過得差不多，然而有的人覺得「自己每天都好忙」，卻也有人覺得「每天都過得很充實」。

也就是說，眼前的世界是好是壞，決定權在你手上。

情感、語言和行為三位一體，所有發生的現象都會直接影響人生。

當你覺得很忙碌，就會發生讓你感到忙碌的事情，讓你的人生充滿忙碌。

當你覺得很幸福，就會發生讓你感到幸福的事情，讓你的人生充滿幸福。

也就是說，你的情感和語言，是決定你人生的核心因素。

在負面情緒奔騰的狀態，感謝是很稀有的存在。

即便未能向對方清楚表達自己的想法，只要心中充滿「感謝」，你在心中看待對方的方式就會產生變化，感受到彼此的關係發生改變。

感謝的感染力很強，影響的範圍不分年齡、性別和職業，能讓你與身邊的人獲得幸福。

人總是希望「獲得幸福」，隨時都在摸索獲得幸福的方法。

然而，**幸福並非遙不可及**。**幸福就在你眼前，只是因為太近了，看不到而已**。

正因為如此，我們必須察覺當下擁有的幸福。想永遠幸福，除了持續感謝之外沒有別的方法。

來吧，感謝今天、明天、後天以及每一天，讓自己天天都過得充滿感謝。

感謝的技術30

察覺自己的「情感」和「語言」造就了人生。

後記

你是這個世界獨一無二最棒的作品

書道，跟算術一樣，沒有固定的正確解答。

正因為如此，我的書法教室是跟學生共同創作，一起享受「這一個字、這一條線」。

同樣的道理也適用於人生上頭。

沒有正確的人生，也沒有錯誤的人生。

正因為沒有正確答案，我們可以更自由地享受人生。

也就是說，書道真實地反映了我的人生。

其實我有注意力不足過動症（簡稱ＡＤＨＤ）的症狀。

ＡＤＨＤ具有注意力不足和好動的特質，因此不擅長對未來設定目標、採取行動。

對我來說，根本談不上未來，我連五秒後的事情都沒有辦法去想。但多虧了這個特質，我從以前就只專注於「當下」。

棒球比賽時，我盯著天空的雲朵看，被臭罵：「你在看哪！」也常因為追著有興趣的東西跑，而跟朋友走散。

我的身體不自覺採取了那些行動，而自己一點也沒察覺到。

隨著年齡增長，開始感覺到活得有點辛苦。因為我越來越常因為活得自由，而遭受指責和教訓。

但上了大學，學習了宇宙物理學、相對論、量子力學等等後，我的想法改變了。

因為我發現，不是所有東西都是複雜的數學算式。

另外一個重要改變就是，我的想法發生了變化——

「答案不是只有一個。正因為如此，更要盡情享受當下每一刻。」

在那之後經過了二十年的歲月。

那段期間，我經歷了生病、遭受到社會的責難批評等等，各式各樣的事情。

在那過程中，我也不斷尋找讓自己跟社會相處愉快的方法，並持續實驗該怎麼創作出好的作品，**尋尋覓覓最後找到的答案是「感謝」**。

感謝不分年齡性別，任何人都做得到。

那麼簡單的道理，大家卻都忘了。

讓你和你身邊的人幸福的方法，不是取得成功，也不是成為有錢人，**而是感謝眼前的一切，這就是結論**。

在現在這個時代，大部分的人都急於追求成果。但汲汲營營，反而看不見周遭的風景，還可能把路旁盛開的花朵給踩扁。既然每個人的人生終點都是「死亡」，你希望怎麼度過這段人生旅程呢？我想，將這本書閱讀到最後的你，應該已經知道答案了。

你是這個世界獨一無二的作品。想使用什麼樣的材料、寫什麼，任由你決定。**無論你選擇什麼樣的材料，只要那上頭寫的是「感謝」這兩個字，一定會是美麗的佳作**。

雖然依依難捨，但差不多該道別了。

身為感謝阿宅的我，竟然有這個榮幸，花這麼多篇幅，把所有我對「感謝」的想法和感動，寫出來跟大家分享，真的是太感謝了。

感謝夥伴們（永松茂久、John Kim、協力撰稿的加藤道子、編輯小寺裕樹，以及所有幫助了我的大家）漂亮地接住我丟出去的球。

最後，感謝閱讀這本書的你，謝謝。

祝福你與身邊的人滿是感謝，好事不斷降臨。

希望日本，以及全世界都能充滿感謝、幸福快樂。

那麼，我差不多要放下筆了。我由衷地謝謝一切，真是太感謝了。

二〇二二年六月九日

武田雙雲

在做到的項目
旁打勾吧！

30個感謝的技術，為你的日常帶來改變

	1. 使用「感動語言」。
	2. 希望別人感謝自己，自己要先感謝別人。
	3. 把自己當作神明。
	4. 輕鬆面對、享受人生。
	5. 找出麻煩事，由衷地說「謝謝」。
	6. 跟感謝力高的人講話聊天。
	7. 察覺你受不了的人所帶來的好處。
	8. 別忘了一切「都是多虧了大家」。
	9. 刻意去了解跟自己價值觀不同的人在想什麼。
	10. 不要用年齡或經歷來畫分高低尊卑。
	11. 保持嘴角上揚、和顏悅色的表情。
	12. 讓自己去體驗怦然心動。
	13. 想像你眼前的東西，經過了哪些人之手。
	14. 放手說再見時，更要雙手合十說謝謝。
	15. 日常小事用兩倍的時間去做做看。

	16. 在社群媒體上發布感謝訊息。
	17. 把感謝化為文字，寫在紙上。
	18. 緩慢地呼吸。
	19. 有意識地抱著感恩的心結束一天。
	20. 重視用餐的時間。
	21. 抱著感恩的心，慎重地打開吸塵器的開關。
	22. 感謝是不求回報。
	23. 感謝，從做表面功夫開始也無妨。
	24. 想像美好的未來，預先感謝未來。
	25. 慢慢地散步，仔細觀察四周。
	26. 避免讓自己回到「理所當然」的狀態。
	27. 觀察感謝專家的言行舉止。
	28. 感謝別人之前，先感謝自己，讓自己充滿感謝。
	29. 窺視負面情緒的另一面。
	30. 察覺自己的「情感」和「語言」造就了人生。

（謝謝）

ありが

Eurasian Publishing Group
圓神出版事業機構
用心與你對話・網野無限寬廣
方智出版社
Fine Press

www.booklife.com.tw　　reader@mail.eurasian.com.tw

自信人生 189

讓奇蹟發生的技術：每個感謝，都會回到你身上

作　　者／武田雙雲
譯　　者／謝敏怡
發 行 人／簡志忠
出 版 者／方智出版社股份有限公司
地　　址／臺北市南京東路四段50號6樓之1
電　　話／（02）2579-6600・2579-8800・2570-3939
傳　　真／（02）2579-0338・2577-3220・2570-3636
副 社 長／陳秋月
副總編輯／賴良珠
主　　編／黃淑雲
責任編輯／林振宏
校　　對／李亦淳・林振宏
美術編輯／蔡惠如
行銷企畫／陳禹伶・蔡謹竹
印務統籌／劉鳳剛・高榮祥
監　　印／高榮祥
排　　版／杜易蓉
經 銷 商／叩應股份有限公司
郵撥帳號／18707239
法律顧問／圓神出版事業機構法律顧問　蕭雄淋律師
印　　刷／祥峰印刷廠
2024年4月　初版
2024年9月　3刷
"ARIGATO" NO KYOKASHO YOI KOTO BAKARI GA FURISOSOGU KANSHA NO GIJUTSU 30

定價340元　　ISBN 978-986-175-788-9　

「任何時候，每當我們努力想讓身體更好地運作，
都是在做一件神聖的事。」
——《身體密碼：找到身心靈失衡的關鍵，啓動內在自癒力》

國家圖書館出版品預行編目資料

讓奇蹟發生的技術：每個感謝，都會回到你身上／
武田雙雲 著；謝敏怡 譯. -- 初版 .-- 台北市：
方智出版社股份有限公司，2024.4
208面；14.8×20.8公分 --（自信人生；189）
ISBN 978-986-175-788-9（平裝）

1.CST：生活指導　2.CST：幸福

177.2　　113001600